CORRIGEZ VOS DÉFAUTS AU GOLF

Couverture
- Photo:
  BERNARD PETIT, LES IMAGIERS
- Maquette:
  JACQUES ROBERT

Maquette intérieure
- Conception graphique:
  ANDRÉ LALIBERTÉ
- Dessins:
  CLAIRE DUTIN
  MICHEL BÉRARD
- Photos:
  FRANCINE GAGNON

DISTRIBUTEURS EXCLUSIFS:

- Pour le Canada:
  AGENCE DE DISTRIBUTION POPULAIRE INC.*
  955, rue Amherst, Montréal H2L 3K4 (tél.: 514-523-1182)
  *Filiale de Sogides Ltée

- Pour la France et l'Afrique:
  INTER-FORUM
  13, rue de la Glacière, 75013 Paris (tél.: 570-1180)

- Pour la Belgique, la Suisse, le Portugal, les pays de l'Est:
  S.A. VANDER
  Avenue des Volontaires 321, 1150 Bruxelles (tél.: 02-762-0662)

Yves Bergeron
éducateur physique

CORRIGEZ VOS DÉFAUTS AU GOLF

LES ÉDITIONS DE L'HOMME *

CANADA: 955, rue Amherst, Montréal H2L 3K4

*Division de Sogides Ltée

Bibliothèque nationale du Québec
Dépôt légal — 2e trimestre 1980

ISBN 2-7619-0076-6

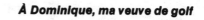

À Dominique, ma veuve de golf

Introduction

Vous avez en main, le premier livre traitant de golf rédigé par un éducateur physique au Québec et sans doute, même en Amérique.

Pourquoi, en tant qu'éducateur physique, ai-je décidé d'écrire un livre sur le golf? Certainement pas pour relater mes exploits ou raconter comment j'ai gagné tel ou tel trophée (si c'est cela que vous cherchez, vous serez grandement déçus). Je n'écris pas non plus dans le but d'offrir une bibliographie des nombreux ouvrages publiés sur le golf. Non! Ma profession veut que j'écrive ce livre pour vous donner la possibilité d'améliorer *votre propre image de golfeur.* Si ce dernier point répond à vos aspirations, alors vous avez entre les mains un outil pratique et efficace de travail.

Ce volume s'adresse tout particulièrement aux débutants et aux intermédiaires qui désirent corriger leurs défauts. Toutefois, il me faut dès maintenant mettre en garde les débutants qui espèrent pouvoir solutionner, avec ce livre, l'ensemble des problèmes que rencontrent les golfeurs. Soyons réalistes: les livres-miracles n'existent pas! Si mon bouquin peut vous apporter une aide considérable, il ne peut pourtant pas remplacer la base fondamentale que procurent des cours de golf en discernant et minimisant vos défauts dès le début. Observez vos amis qui jouent depuis plusieurs années et qui traînent de vieux défauts malheureusement trop bien ancrés. Demandez-leur s'ils avaient la chance de recommencer, ce qu'ils changeraient. Neuf fois sur dix, ils répondront qu'ils prendraient des cours de golf dès le départ.

Le livre est divisé en trois sections principales abondamment illustrées.

La première partie décortique chacun des mouvements du golfeur et les explique clairement. En d'autres mots, elle passe en revue les points fondamentaux du golf.

La seconde partie présente les défauts les plus communs. Ainsi, en consultant les textes et les illustrations, vous retrouverez vos défauts personnels. À cette étape, il suffit de passer en revue les différents points et de retourner à la première partie afin de réviser les mouvements conformes aux règles fondamentales.

Cela fait, vous passez à la troisième partie qui vous propose des éducatifs et des exercices vous permettant de corriger vos défauts ou tout simplement d'améliorer votre élan.

Voilà! Il ne me reste plus qu'à vous souhaiter bonne lecture!...

Première section

les gestes fondamentaux au golf

Chapitre 1

La prise du bâton

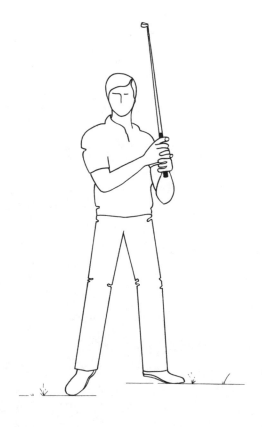

Une bonne prise du bâton est essentielle; c'est elle qui permet l'union entre le golfeur et le bâton. La bonne façon de le tenir est d'une importance capitale pour le golfeur désireux de recueillir de bons résultats. Une bonne préhension du bâton procure au golfeur une meilleure précision. En effet, mal tenir son bâton ne vous empêchera pas de frapper la balle solidement, cependant, il peut en résulter des difficultés de trajectoire qui gâcheront tous vos coups. C'est donc pour améliorer votre précision qu'il faut apprendre à tenir votre bâton correctement. Vous verrez ainsi plusieurs de vos défauts disparaître rapidement.

Les points essentiels à retenir sont les suivants

La main supérieure
— gauche pour le droitier
— droite pour le gaucher

Figure 1,1

a) En s'assurant de laisser une distance d'un pouce au bout du manche, placez le bâton de façon à ce qu'il traverse diagonalement la paume de la main et vienne s'appuyer sur le muscle interne (figure 1,1).

Figure 1,2

b) Pour vous aider à adopter correctement cette position, essayez de soulever le bâton en refermant votre index (figure 1,2).

Figure 1,3

c) Une pression ferme mais non étranglante est appliquée sur le bâton par l'auriculaire, l'annulaire et le majeur, c'est-à-dire les trois derniers doigts (figure 1,3).

Figure 1,4

d) Le dos de la main fait face à l'objectif (figure 1,4).

Figure 1,5

e) Le pouce se place sur le dessus du manche légèrement vers l'intérieur (côté opposé à l'objectif) de façon à ce que le V ainsi formé par le pouce et l'index s'oriente vers l'épaule droite pour le droitier et l'épaule gauche pour le gaucher (figure 1,5).

Figure 1,6

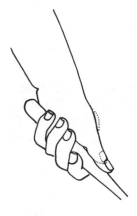

f) Si vos doigts sont particulièrement courts, avancez légèrement votre pouce vers le bas pour améliorer la fermeté de votre prise (figure 1,6).

La main inférieure
— droite pour les droitiers
— gauche pour les gauchers

Figure 1,7

g) La main inférieure se place très près de la main supérieure de façon à pouvoir recouvrir le pouce de celle-ci. Le bâton traverse la base des doigts permettant une prise du bout des doigts (figure 1,7).

Figure 1,8

h) Une ferme pression est exer-
cée sur le bâton principalement par l'annulaire et le majeur (figure 1,8).

Figure 1,9

i) Le pouce et l'index se rejoi-
gnent sur le dessus extérieur
du bâton et le V ainsi formé par
le pouce et l'index s'oriente
également vers l'épaule droite
pour le droitier et l'épaule gauche pour le gaucher (figure
1,9).

La prise complète

Figure 1,10

j) Les deux mains sont unifiées le plus possible pour essayer de n'en former qu'une. Elles se joignent en une unité indissociable et elles doivent rester ainsi tout au cours de l'élan (figure 1,10).

Figure 1,11

k) Pour un meilleur rendement des deux mains, il existe deux façons de les unir; le chevauchement de l'auriculaire de la main inférieure sur l'index de la main supérieure... (figure 1,11).

Figure 1,12

l) ...ou l'entrecroisement de ces mêmes doigts (figure 1,12).

Chapitre 2

L'adresse et l'alignement

S'adresser à la balle en s'alignant correctement devrait être un geste tout à fait naturel. Il est inutile de se compliquer la vie en voulant développer des positions inconfortables et parfois même grotesques en présumant que cette étape est difficile. Contrairement à la phase de la montée arrière ou de la descente, le golfeur dispose du temps voulu pour s'installer correctement. Regardez-vous et passez en revue les différentes étapes importantes, à l'exemple du tireur au pistolet qui se prépare et s'aligne vers sa cible. Au début, le temps d'exécution sera un peu plus long, mais au fur et à mesure que votre jeu s'améliorera, le processus deviendra plus familier. Cette phase du mouvement de golf apparaît essentielle pour obtenir un bon équilibre pendant l'élan et des coups précis.

Les points essentiels à retenir sont les suivants

Figure 2,1

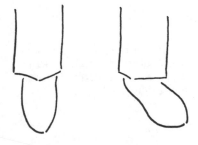

a) Pour maintenir l'équilibre latéral, les pieds sont distancés l'un de l'autre. Pour un fer moyen (5-6-7), la distance équivaut à celle des épaules. Pour un fer long ou un bois, la position est plus large et pour un fer court (8-9-W), la distance est plus courte (figure 2,1).

Figure 2,2

b) Le poids du corps est réparti également sur les deux jambes et concentré principalement à l'intérieur des pieds. Ceci s'exécute en resserrant les genoux vers l'intérieur (figure 2,2).

Figure 2,3

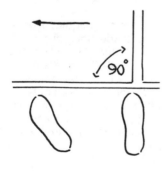

c) Le pied arrière se place perpendiculaire à l'objectif et le pied avant s'ouvre légèrement (figure 2,3).

Figure 2,4

d) Pour maintenir l'équilibre frontal (avant-arrière), les genoux sont pliés et le bassin est poussé vers l'arrière comme pour s'asseoir sur un tabouret. Le haut du corps est droit et penché légèrement vers l'avant. La tête est droite et se trouve dans le même axe que le haut du corps (figure 2,4).

Figure 2,5

e) Les mains sont placées vers l'intérieur de la cuisse avant et le bâton prolonge le bras avant de façon rectiligne. Le bras arrière est légèrement plié et repose presque sur la hanche arrière. La tête suit la ligne des épaules et se trouve derrière la balle (figure 2,5).

27

Figure 2,6

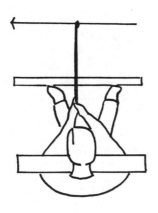

f) Pour faciliter le libre mouvement de l'élan, les mains sont
   placées à environ 6 pouces
   du corps (figure 2,6).

Figure 2,7

g) Les pieds, les hanches et les
   épaules doivent être paral-
   lèles à la ligne d'envol du
   bâton (figure 2,7).

Figure 2,8

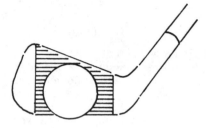

h) La balle se trouve au milieu de la tête du bâton qui est bien assise sur le sol (figure 2,8).

Figure 2,9

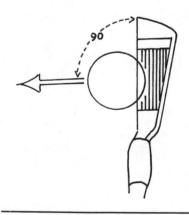

i) La face du bâton est toujours perpendiculaire à la ligne d'envol (figure 2,9).

Figure 2,10

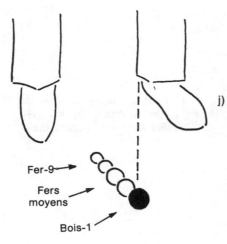

Fer-9

Fers moyens

Bois-1

j) La position de la balle par rapport aux pieds dépend grandement du bâton que vous utilisez; plus le bâton est long (bois-1), plus la balle s'éloigne des pieds et s'avance vers l'avant. Plus le bâton raccourcit (fer-9), plus la balle est jouée près des pieds et plus au centre de ceux-ci (figure 2,10).

Chapitre 3

La montée arrière

La montée arrière initie l'élan; c'est la première étape vraiment dynamique, sans aucun doute la plus importante et ceci pour deux raisons principales: premièrement, c'est à cette étape que de dessinent l'amplitude, la direction et le synchronisme de l'arc ainsi que le rythme de l'élan. Un mauvais départ détruit vraisemblablement toutes les autres étapes de l'élan. D'ailleurs, très rares sont les golfeurs professionnels qui débutent incorrectement leur élan et exécutent une correction dans la descente du mouvement; on les compte sur les doigts d'une main. Deuxièmement, la montée arrière se présente comme le seul moment de l'élan où le golfeur dispose de temps nécessaire pour penser et se corriger; c'est la partie lente de l'élan. Dans la descente, le mouvement s'exécute beaucoup trop rapidement pour permettre au golfeur de réaliser une erreur. C'est pour cette raison qu'il faut attacher beaucoup d'importance à cette phase et l'exécuter lentement. C'est ni plus ni moins que la charpente de l'élan.

Les points essentiels à retenir sont les suivants

Figure 3,1

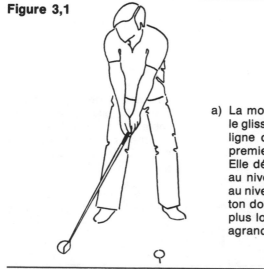

a) La montée arrière débute par le glissement du bâton dans la ligne d'envol sur les 10 à 12 premiers pouces de l'élan. Elle démarre tout d'une pièce au niveau des épaules et non au niveau des poignets. Le bâton doit rester au ras du sol le plus longtemps possible pour agrandir l'arc (figure 3,1).

Figure 3,2

b) Le mouvement se poursuit par la rotation des épaules. Le bras gauche pour les droitiers ou le bras droit pour les gauchers reste en extension; seuls les poignets vont fléchir naturellement au haut de l'élan (figure 3,2).

Figure 3,3

c) La rotation des épaules parcourt 90° plaçant le dos vers l'objectif et la rotation des hanches produit un déplacement de 45° (figure 3,3).

Figure 3,4

d) Tout au cours de la rotation, la tête reste en place sans mouvement, servant de pivot central à l'élan (figure 3,4).

Figure 3,5

e) Au haut de l'élan, les mains viennent se placer au-dessus de l'épaule arrière (figure 3,5).

Figure 3,6

f) La rotation terminée, l'épaule avant se retrouve sous le menton, peu importe l'angle du bâton (figure 3,6).

Figure 3,7

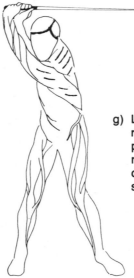

g) La partie inférieure du corps résiste tandis que la partie supérieure pivote librement permettant aux muscles du dos de s'enrouler comme un ressort (figure 3,7).

Figure 3,8

h) Au sommet de l'élan, les genoux demeurent fléchis et environ 70% du poids du corps se retrouve sur la jambe arrière. La tête est maintenue en place, derrière la balle, depuis le début du mouvement (figure 3,8).

Figure 3,9

i) Dans la position finale de la montée arrière, le coude droit pour le droitier ou le coude gauche pour le gaucher pointe vers le sol comme si vous aviez à soutenir un cabaret. Le poignet de ce bras se trouve donc sous la tige du bâton (figure 3,9).

Figure 3,10

j) Le poignet gauche pour le droitier ou le poignet droit pour le gaucher forme une ligne droite avec le bras comme si vous aviez une règle pour le maintenir en place (figure 3,10).

Figure 3,11

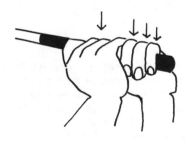

k) Dans la position finale de la montée arrière, il est très important que les doigts agrippent fermement le manche du bâton (figure 3,11).

Figure 3,12

l) La montée arrière se termine par une légère pause, ce qui vous permettra de bien amorcer la descente (figure 3,12).

Chapitre 4

La descente

La descente se présente comme le dénouement de l'élan. Toute l'énergie accumulée au cours de la montée arrière explose et se dégage en une fraction de seconde. Si la montée arrière s'achemine correctement, la descente devient le geste le plus simple à exécuter. Cependant, si la montée arrière est brusque et sans rythme, la descente devient un geste ardu et presqu'incontrôlable. C'est donc dire que la réussite de cette phase, exception faites des quelques points qui suivent, repose entièrement sur la montée arrière.

Les points essentiels à retenir sont les suivants

Figure 4,1

a) Le mouvement de descente est initié par les hanches et les jambes forçant un transfert de poids vers l'avant. Cette rotation oblige les bras et les mains à descendre vers le bas. La tête reste toujours *en place,* (figure 4,1).

Figure 4,2

b) L'angle formé par les bras et le bâton doit demeurer constant au cours de la descente. Le mouvement de descente des bras s'effectue à la hauteur des épaules. Les mains reviennent simplement vers la balle en suivant la rotation du corps (figure 4,2).

Figure 4,3

c) Pendant la descente, vous devez tirer sur votre bâton comme si vous tiriez sur une corde (figure 4,3).

Figure 4,4

d) Au bas de la descente, c'est-
à-dire à l'impact, le coude
droit pour le droitier ou le coude gauche pour le gaucher
passe à quelques centimè-
tres de la hanche arrière. La
tête est restée bien en place
derrière la balle et l'épaule
arrière est toujours inférieure
à l'épaule avant (figure 4,4).

Chapitre 5

Le dégagé

Le dégagé s'identifie comme la finition qui donne à l'élan sa grâce et sa beauté. Cependant, il ne faut pas penser que cette phase ne sert qu'à l'esthétique du mouvement. Le dégagé complète la descente et permet au golfeur d'aller "porter" la balle vers la cible. Trop de golfeurs escamotent cette partie en ignorant sa réelle importance. Un mauvais dégagé débute très souvent dans les derniers pouces précédant le contact avec la balle et il en résulte une déviation de l'arc et la formation d'un effet incontrôlé ou d'une direction incorrecte. Tout le bel effort déployé depuis le début du mouvement s'efface ainsi.

Les points essentiels à retenir sont les suivants

Figure 5,1

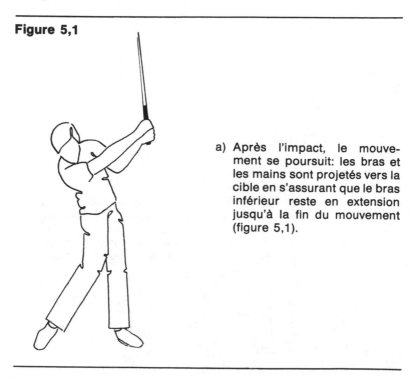

a) Après l'impact, le mouvement se poursuit: les bras et les mains sont projetés vers la cible en s'assurant que le bras inférieur reste en extension jusqu'à la fin du mouvement (figure 5,1).

Figure 5,2

b) La vitesse de l'élan et l'épaule droite forcent la tête à tourner (figure 5,2).

Figure 5,3

c) Au sommet du dégagé, les mains sont très hautes et le corps fait face à la cible. — Le poids du corps est maintenant sur la jambe avant (figure 5,3).

Chapitre 6

Les coups d'approche

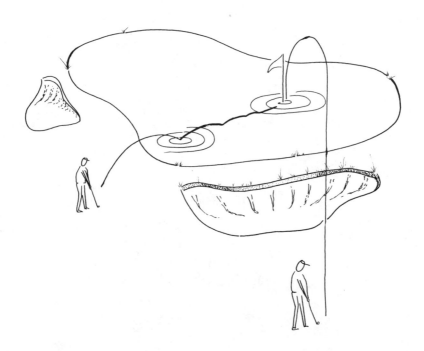

On qualifie de coups d'approche tous les coups exécutés en deçà de la distance maximale que vous obtenez avec votre plus petit bâton (fer-9 ou wedge). Pour certaines personnes, il peut s'agir d'une distance de 100 verges et moins, tandis que pour d'autres, de 50 verges et moins. Peu importe la distance à parcourir, l'objectif principal est la précision. Plus vous réussissez à placer votre balle près du trou à l'aide de votre coup d'approche, plus vous augmentez vos chances de récupérer un mauvais coup antérieur ou de gagner un coup. Il existe, à toutes fins pratiques, deux genres de coups d'approche: le coup d'approche levé et le coup d'approche roulé. Le coup d'approche levé parcourt la majorité de sa distance dans les airs tandis que le coup d'approche roulé, qui ressemble au putting, possède une partie aérienne plus courte qu'une partie terrestre. Le coup d'approche levé s'emploie généralement d'une distance de plus de 10 verges du vert ou pour sauter un obstacle autour du vert; le coup d'approche roulé s'exécute autour du vert et généralement sur la frise. Rappelez-vous que c'est autour du vert que l'on reconnaît les vrais golfeurs.

Les points essentiels à retenir sont les suivants

Traits communs aux deux types de coups d'approche

Figure 6,1

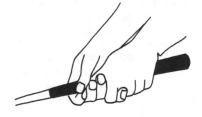

a) Les mains sont abaissées sur le manche; plus la distance à parcourir est courte, plus les mains s'approchent de la balle (figure 6,1).

Figure 6,2

b) Le poids du corps est placé principalement sur la jambe avant. Les genoux et les hanches sont poussées également vers l'avant. Les mains se rangent à l'intérieur de la cuisse avant. La position des pieds est rapprochée et légèrement ouverte. La balle se trouve au centre des pieds ou légèrement vers le pied avant (figure 6,2).

Points particuliers au coup d'approche levé

Figure 6,3

c) L'élan est réduit du quart, de moitié, du trois-quarts ou autrement dépendant de la distance à parcourir. La rotation légère des épaules et l'accentuation plus prononcée des poignets préparent un coup ferme à l'impact (figure 6,3).

Figure 6,4

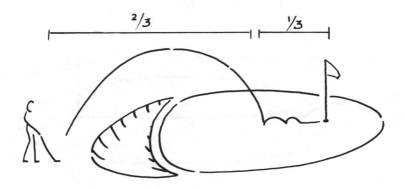

d) En utilisant un fer-9 ou un wedge pour sauter un obstacle autour d'un vert relativement plat, 2/3 de la distance totale est aérienne et 1/3 terrestre (figure 6,4).

Points particuliers au coup d'approche roulé

Figure 6,5

e) L'élan raccourcit et le mouvement des poignets et celui du corps sont presqu'inexistants. Le déplacement s'effectue avec les bras et ressemble à celui d'un pendule; cette action est ferme à l'impact (figure 6,5).

Figure 6,6

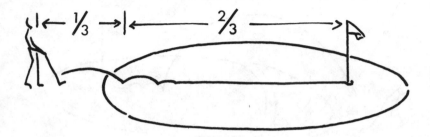

f) En utilisant un fer-7 autour d'un vert plat, 1/3 de la distance totale sera aérienne et 2/3 terrestre (figure 6,6).

Chapitre 7

Le putting

Le putting constitue le geste de golf le plus simple sur le plan technique, mais c'est également le coup le plus délicat à exécuter à cause de la précision exigée. C'est un geste personnel où chacun y développe son style tout en respectant certaines petites règles de base. Il s'avère important de pratiquer ce geste puisqu'à tous les trous, vous aurez à utiliser votre putter. À quoi bon frapper des coups de départ de 280 verges si vous êtes incapable de caler vos coups roulés.

Les points essentiels à retenir sont les suivants

Figure 7,1

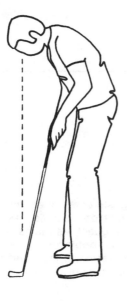

a) Les yeux s'alignent directement au-dessus de la balle (figure 7,1).

Figure 7,2

b) Pour garder le corps stable, le poids est placé davantage sur la jambe avant. Cette position est conservée durant l'élan. La balle peut être placée un peu à l'intérieur du pied avant (figure 7,2).

Figure 7,3

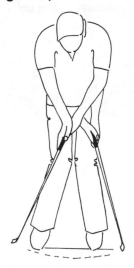

c) Le geste complet est un mouvement de pendule des bras en dirigeant les mains vers le trou. Le déplacement est toujours ferme, principalement à l'impact (figure 7,3).

Chapitre 8

Les coups de trappe

Les coups de trappe de sable s'avèrent le cauchemar des golfeurs néophytes comme professionnels; jouer une balle qui repose dans une trappe de sable n'est pas chose facile. Pour être franc avec vous, je veux vous dire qu'il existe à peine 3 ou 4 golfeurs professionnels que l'on peut qualifier de bons joueurs de trappe: Gary Player en est un exemple. C'est un coup difficile que l'on doit pratiquer régulièrement.

Les points essentiels à retenir sont les suivants

Figure 8,1

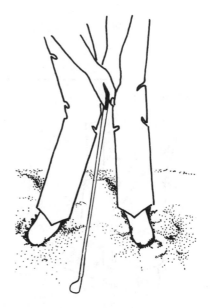

a) Il faut bien enfouir ses deux pieds dans le sable pour éviter de glisser pendant l'exécution du mouvement (figure 8,1).

Figure 8,2

b) Les mains sont abaissées légèrement sur le manche pour un meilleur contrôle (figure 8,2).

Figure 8,3

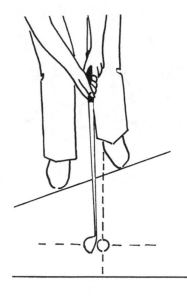

c) La balle est placée vis-à-vis le talon du pied avant. Les pieds et les épaules s'alignent vers l'intérieur pour produire un élan de l'extérieur vers l'intérieur. La face du bâton est légèrement ouverte (figure 8,3).

Figure 8,4

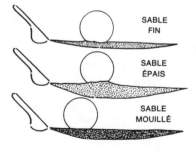

d) L'arc du mouvement est plus abrupt et le travail des poignets s'accentue légèrement. Le mouvement s'effectue lentement pour vous permettre de bien redescendre le bâton au point de départ (figure 8,4).

Figure 8,5

SABLE
FIN

SABLE
ÉPAIS

SABLE
MOUILLÉ

e) La force à déployer dans l'exécution du mouvement est proportionnelle à la distance à parcourir. L'écart à respecter derrière la balle est fonction de la condition du sable (figure 8,5).

Deuxième section

Les défauts les plus communs au golf

Chapitre 9

Le crochet vers l'extérieur (slice)

Pour la majorité des golfeurs, le crochet vers l'extérieur est un crochet vers la droite. Cela s'explique par le fait qu'ils soient droitiers. Ainsi donc, les gauchers exécutent leur crochet vers l'extérieur, à gauche.

Il faut dissocier le crochet involontaire et nettement vers l'extérieur de celui, plus léger (fade), qu'exécutent intentionnellement plusieurs bons joueurs dont Jack Nicklaus. Le crochet vers l'extérieur se caractérise par une trajectoire qui fait habituellement plus de distance dans le sens de la largeur que dans le sens de la longueur. Si vous ne possédez qu'un léger crochet vers l'extérieur, vous pouvez arrêter votre lecture ici, car ce n'est pas un défaut tout au contraire, bien contrôlé, ce crochet donne à votre balle plus d'effet mordant lorsqu'elle arrive sur le vert.

Le crochet vers l'extérieur incontrôlé est sans aucun doute, la faute la plus commune des golfeurs. Environ 90% des golfeurs, qui apprennent par eux-mêmes, développent ce défaut.

C'est le défaut majeur et peut-être aussi celui qui est le plus difficile à corriger. Même que certains individus, après des années de travail ardu, abdiquent et contournent la difficulté en s'alignant vers l'intérieur (à gauche pour le droitier) en sachant qu'ils vont de toute façon produire un crochet vers l'extérieur. Ils réduisent ainsi le nombre de balles dans le bois, mais il s'ensuit un manque chronique de précision et une perte considérable de distance, résultat: leurs parties ne s'améliorent que peu ou pas du tout.

Par contre, si vous désirez corriger ce défaut, vous devez comprendre qu'il est causé principalement par une trajectoire du bâton qui se fait de l'extérieur vers l'intérieur et souvent aggravée par une légère ouverture de la face du bâton (figure 9,1). Il faut donc revoir quels sont les gestes que vous faites ou que vous ne faites pas qui amènent une trajectoire semblable.

Votre défaut peut être causé par un ou plusieurs items ci-contre.*

Figure 9,2   À l'adresse

Vérifiez si... la main inférieure est trop fermée... la main supérieure est trop ouverte... vos deux V formés par le pouce et l'index de chaque main pointent hors repère: repère = épaule arrière (figure 9,2).
Corrections: figures 1,5 et 1,9

Figure 9,3   Durant la montée arrière

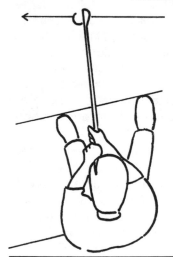

Vérifiez si... le départ se fait vers l'extérieur de la ligne d'envol... les épaules sont tournées vers l'intérieur (figure 9,3).
Corrections: figures 2,7 et 3,1
Éducatif: figure 18,3

---

* Pour vous aider à vous corriger voyez les figures 18,1 et 18,2.

Figure 9,4 **Au sommet de l'élan**

Vérifiez si... votre main inférieure se trouve ailleurs que sous le bâton (main droite pour les droitiers).... votre poignet de la main supérieure forme un angle brisé vers le haut... votre coude de la main inférieure ne pointe pas vers le sol (figure 9,4).

Corrections: figures 3,9 et 3,10

Éducatifs: figures 18,8 et 18,12

Figure 9,5

Vérifiez si... vos épaules n'ont pas parcouru 90° par rapport à la position de base... vos hanches n'ont pas parcouru 45° par rapport à la position de base... l'angle du coude de la main supérieure est brisé (figure 9,5).

Corrections: figures 3,2, 3,3 et 3,6

Éducatifs: figures 18,1 et 19,7

Figure 9,6

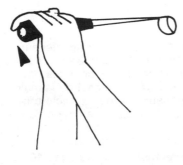

Vérifiez si... vos mains ont re-laché le bâton (figure 9,6).
Correction: figure 3,11

Figure 9,7

Vérifiez si... la tête a bougé vers l'arrière par rapport à sa position de départ (figure 9,7).
Corrections: figures 3,4 et 3,8
Éducatifs: figures 18,2 18,9 et 18,17

Figure 9,8 **Durant la descente**

Vérifiez si... votre mouvement de descente est initié par les bras... votre descente trop rapide est accompagnée d'un mouvement prématuré des poignets (figure 9,8).

Corrections: figures 4,1, 4,2 et 4,3

Éducatif: figure 18,13

Figure 9,9 **À l'impact**

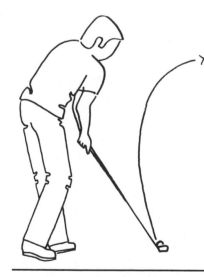

Vérifiez si... votre corps est complètement ouvert à l'impact... vos épaules se trouvent au même niveau... votre coude droit pour le droitier ou gauche pour le gaucher est éloigné de votre corps (figure 9,9).

Correction: figure 4,4

Éducatifs: figures 18,14 18,15 et 18,18

Chapitre 10

Le crochet vers l'intérieur (hook)

Le crochet vers l'intérieur est un défaut que l'on rencontre principalement chez les bons joueurs. La balle frappée se retrouve à gauche des droitiers et inversement pour les gauchers.

Il faut dissocier le crochet involontaire et nettement vers l'extérieur de celui, plus léger (draw), qu'exécute intentionellement la majorité des golfeurs professionnels et des bons amateurs de golf.

Contrairement au crochet vers l'extérieur, le crochet vers l'intérieur produit un effet d'accélération sur la balle allongeant le temps d'arrêt après la chute de celle-ci. Si bien que son voyage vers ou dans le bois est beaucoup plus long!

Pour corriger ce défaut, il faut comprendre qu'il est causé principalement par une trajectoire du bâton qui se fait de l'intérieur vers l'extérieur doublée d'une légère fermeture de la face du bâton (figure 10,1). Il faut donc revoir quels sont les gestes que vous faites ou que vous ne faites pas qui amènent une trajectoire semblable.

Votre défaut peut être causé par un ou plusieurs items ci-contre*

Figure 10,2   **À l'adresse**

Vérifiez si... la main inférieure est trop ouverte... la main supérieure est trop fermée... vos deux V formés par le pouce et l'index de chaque main pointent hors repère: repère = épaule arrière (figure 10,2).
Corrections: figures 1,5 et 1,9

---

* Pour vous aider à vous corriger voyez les figures 18,1 et 18,2

Figure 10,3

Vérifiez si... vos poignets se brisent trop rapidement au départ (figure 10,3)

Corrections: figures 3,1 et 3,2
Éducatifs: figures 18,8 et 18,18

Figure 10,4   **Au sommet de l'élan**

Vérifiez si... vos mains ne sont pas au-dessus de votre dos... votre poignet de la main supérieure est cassé vers le bas (figure 10,4).

Corrections: figures 3,5 et 3,10
Éducatifs: figures 18,1 et 18,11

Figure 10,5   **Durant la descente**

Vérifiez si... vos poignets s'enroulent: la main supérieure s'enroule sur la main inférieure pour fermer la face du bâton... votre dégagé se fait vers l'intérieur au lieu de se poursuivre vers la cible (figure 10,5).

Corrections: figures 4,1, 4,2 et 5,1

Éducatifs: figures 18,5, 18,14 et 18,15

Chapitre 11
La balle tirée
(pulling)

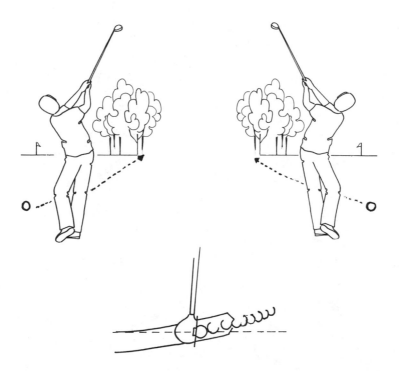

Une balle tirée dessine une trajectoire rectiligne vers l'intérieur. On retrouve ce genre de coup principalement chez les golfeurs qui possèdent de façon chronique, un crochet vers l'extérieur. De la même famille que le crochet vers l'extérieur, la balle tirée est produite par une trajectoire de l'extérieur vers l'intérieur, doublée, — et c'est là toute la différence — d'une face de bâton perpendiculaire ou très légèrement fermée. C'est la direction de l'élan qui dirige la balle vers l'intérieur. Ceci dit, les points importants sont sensiblement identiques à ceux du crochet vers l'extérieur.

Votre défaut peut être causé par un ou plusieurs items ci-contre.*

Figure 11,2   **Durant la montée arrière**

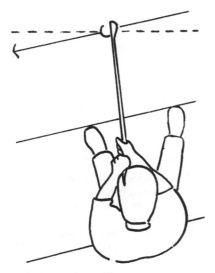

Vérifiez si... le départ se fait vers l'extérieur de la ligne d'envol... les épaules sont tournées vers l'intérieur (figure 11,2).
Corrections: figures 2,7 et 3,1
Éducatif: figure 18,3

---

* Pour vous aider à vous corriger voyez les figures 18,1 et 18,2

Figure 11,3   **Au sommet de l'élan**

Vérifiez si... votre main inférieure se trouve ailleurs que sous le bâton (main droite pour les droitiers)... votre poignet de la main supérieure forme un angle brisé vers le haut... votre coude de la main inférieure ne pointe pas vers le sol (figure 11,3).

Corrections: figures 3,9 et 3,10

Éducatifs: figures 18,8 et 18,12

Figure 11,4

Vérifiez si... vos épaules n'ont pas parcouru 90° par rapport à la position de base... vos hanches n'ont pas parcouru 45° par rapport à la position de base... l'angle du coude de la main supérieure est brisé (figure 11,4).

Corrections: figures 3,2, 3,3 et 3,6

Éducatifs: figures 18,1 et 19,7

Figure 11,5

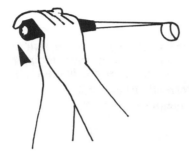

Vérifiez si... vos mains ont relâché le bâton (figure 11,5).
Correction: figure 3,11

Figure 11,6

Vérifiez si... la tête a bougé par rapport à la position de départ (figure 11,6).
Corrections: figures 3,4 et 3,8
Éducatifs: figures 18,2, 18,9 et 18,17

Figure 11,7

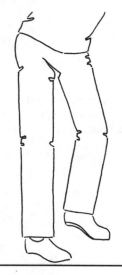

Vérifiez si... votre genou arrière se déplie lorsque vous terminez votre montée arrière (figure 11,7).
Correction: figure 3,8
Éducatif: figure 18,1

Figure 11,8 **Durant la descente**

Vérifiez si... votre mouvement de descente est initié par les bras... votre descente trop rapide est accompagnée d'un mouvement prématuré des poignets (figure 11,8).
Corrections: figures 4,1, 4,2 et 4,3
Éducatif: figure 18,13

Figure 11,9

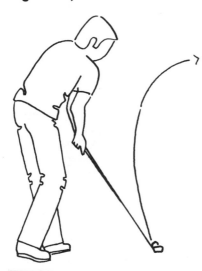

Vérifiez si... votre corps est complètement ouvert à l'impact... vos épaules se trouvent au même niveau... votre coude droit pour le droitier ou gauche pour le gaucher est éloigné de votre corps... vos poignets s'enroulent: la main supérieure s'enroule sur la main inférieure pour fermer la face du bâton... votre dégagé se fait vers l'intérieur au lieu de se poursuivre vers la cible (figure 11,9).

Correction: figure 4,4

Éducatifs: figures 18,14 et 18,15

Chapitre 12

La balle poussée
(pushing)

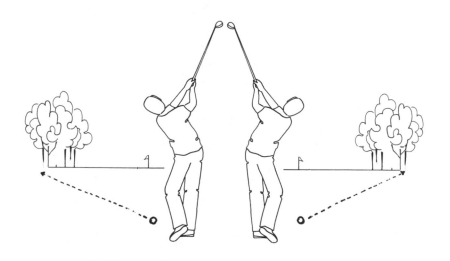

Une balle poussée trace un mouvement rectiligne vers l'extérieur. On remarque ce type de coup habituellement chez les golfeurs qui possèdent de façon chronique, un crochet vers l'intérieur. De la même famille que le crochet vers l'intérieur, la balle poussée est produite par une trajectoire du bâton de l'intérieur vers l'extérieur accompagnée, cette fois-ci — c'est là toute la différence — d'une face de bâton perpendiculaire ou très légèrement ouverte. C'est la direction de l'élan qui dirige la balle vers l'extérieur. Ceci étant dit, les points importants à surveiller ressemblent sensiblement à ceux du crochet vers l'intérieur.

*Votre défaut peut être causé par un ou plusieurs items ci-contre.**

Figure 12,2   À l'adresse

Vérifiez si... la balle est située trop près du pied arrière (figure 12,2).
Correction: figure 2,10

---

* Pour vous aider à vous corriger voyez les figures 18,1 et 18,2.

Figure 12,3   **Durant la montée arrière**

Vérifiez si... vos poignets se brisent trop rapidement au départ (figure 12,3).
Corrections: figures 3,1 et 3,2
Éducatifs: figures 18,8 et 18,18

Figure 12,4

Vérifiez si... vos hanches se déplacent vers l'arrière durant la montée (figure 12,4).
Corrections: figures 3,4 et 3,8
Éducatif: figure 18,9

Figure 12,5   **Au sommet de l'élan**

Vérifiez si... vos mains ne sont pas au-dessus de votre dos... votre poignet de la main supérieure est cassé vers le bas (figure 12,5).
Corrections: figures 3,5 et 3,10
Éducatifs: figures 18,1 et 18,11

Figure 12,6   **Durant la descente**

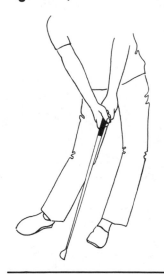

Vérifiez si... vous avancez vers l'avant au moment de frapper la balle (figure 12,6).
Correction: figure 4,1
Éducatifs: figures 18,1, 18,2 et 18,17

Chapitre 13
Le calottage (topping)

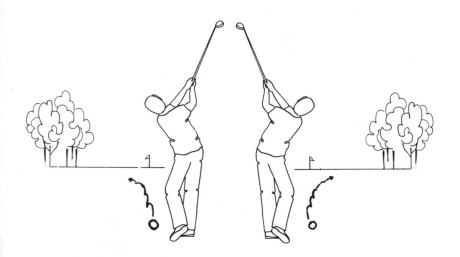

Calotter une balle, c'est la frapper au-dessus de son équateur. Le résultat est sans équivoque: une balle sautillante comme un lapin sans la moindre distance appréciable. Il se peut même qu'elle n'atteigne pas la fin du tertre de départ! Le déplacement de la tête durant l'élan se trouve à l'origine de ce défaut. Pour contrôler cette défaillance, il faudrait surveiller les quelques points suivants.

Votre défaut peut être causé par un ou plusieurs items ci-contre*

Figure 13,2   **Durant la montée arrière**

Vérifiez si... vous élevez votre bâton trop rapidement au départ de l'élan arrière, ce qui produirait un arc réduit (figure 13,2).
Correction: figure 3,1
Éducatif: figure 18,7

---

* Pour vous aider à vous corriger voyez les figures 18,1 et 18,2.

Figure 13,3

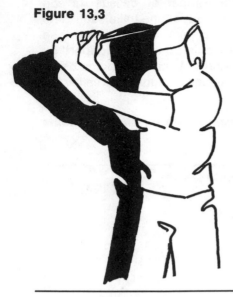

Vérifiez si... vous déplacez vos hanches vers l'arrière durant la montée arrière (figure 13,3).
Corrections: figures 3,4 et 3,8
Éducatif: figure 18,9

Figure 13,4

Vérifiez si... vous dépliez vos genoux durant la montée arrière (figure 13,4).
Corrections: figures 3,4 et 3,8
Éducatifs: figures 18,1 et 18,17

Figure 13,5

Vérifiez si... la tête a bougé vers l'arrière par rapport à sa position de départ (figure 13,5).

Corrections: figures 3,4 et 3,8

Éducatifs: figures 18,2, 18,9 et 18,17

Figure 13,6   **Au sommet de l'élan**

Vérifiez si... le poids du corps se situe principalement sur la jambe avant (figure 13,6).

Correction: figure 3,8

Éducatifs: figures 18,1 et 18,18

Figure 13,7

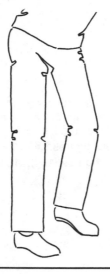

Vérifiez si... votre genou arrière se déplie lorsque vous terminez votre montée arrière (figure 13,7).

Correction: figure 3,8
Éducatif: figure 18,1

Figure 13,8   **Durant la descente**

Vérifiez si... votre mouvement de descente est initié par les bras... votre descente trop rapide est accompagnée d'un mouvement prématuré des poignets (figure 13,8).

Corrections: figures 4,1, 4,2 et 4,3
Éducatif: figure 18,13

Figure 13,9   À l'impact

Vérifiez si... votre corps est complètement ouvert à l'impact... le haut du corps et la tête relèvent (figure 13,9).

Correction: figure 4,4

Éducatifs: figures 18,14, 18,15 et 18,18

Chapitre 14
Le haut ballon (skying)

Le haut ballon se produit principalement sur le tertre de départ, lorsque vous utilisez un tee que ce soit avec vos bois ou vos fers. Contrairement au calottage, le haut ballon a pour cause le contact qui s'effectue en dessous de l'équateur de la balle. Résultat: un haut ballon perdu dans le ciel. Le déplacement de la tête, au départ et à l'impact, se trouve à l'origine d'un tel défaut. En vérifiant les quelques points suivants, vous arriverez à corriger ce défaut plutôt frustrant.

*Votre défaut peut être causé par un ou plusieurs items ci-contre.**

Figure 14,2   **Durant la montée arrière**

Vérifiez si... vous élevez votre bâton trop rapidement au départ de l'élan arrière, ce qui produirait un arc réduit (figure 14,2).
Correction: figure 3,1
Éducatif: figure 18,7

Figure 14,3

Vérifiez si... la tête a bougé vers l'arrière par rapport à sa position de départ (figure 14,3).
Corrections: figures 3,4 et 3,8
Éducatifs: figures 18,2, 18,9 et 18,17

Figure 14,4   Au sommet de l'élan

Vérifiez si... le poids du corps se situe principalement sur la jambe avant (figure 14,4).
Correction: figure 3,8
Éducatifs: figures 18,1 et 18,18

Figure 14,5

Vérifiez si... votre main inférieure se trouve ailleurs que sous le bâton (main droite pour les droitiers)... votre poignet de la main supérieure forme un angle brisé vers le haut... votre coude de la main inférieure ne pointe pas vers le sol (figure 14,5).

Corrections: figures 3,9 et 3,10
Éducatifs: figures 18,8 et 18,12

Figure 14,6   **À l'impact**

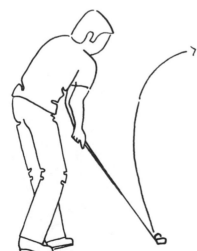

Vérifiez si... vos poignets s'enroulent: la main supérieure s'enroule sur la main inférieure pour fermer la face du bâton... votre dégagé se fait vers l'intérieur au lieu de se poursuivre vers la cible (figure 10,5).

Corrections: figures 4,1, 4,2 et 5,1
Éducatif: figure 18,15

Chapitre 15

Le frappé gras
(fat shot)

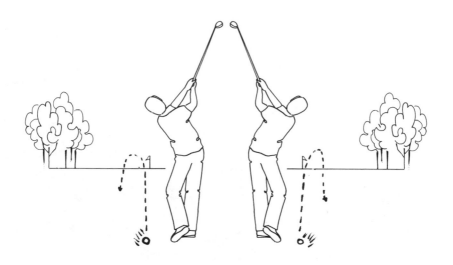

Pour frapper la balle grassement, il suffit de toucher le sol derrière la balle. Le bâton rebondit sur la balle en lui transférant très peu d'énergie, donc peu de distance. Ce genre de coup est produit par un déplacement important de la tête. Il existe quelques points qu'il faut surveiller pour corriger ce défaut.

Votre défaut peut être causé par un ou plusieurs items ci-contre.*

Figure 15,2 **Durant la montée arrière**

Vérifiez si... la tête a bougé vers l'arrière par rapport à sa position de départ (figure 15,2).
Corrections: figures 3,4 et 3,8
Éducatifs: figures 18,2, 18,9 et 18,17

---

* Pour vous aider à vous corriger voyez les figures 18,1 et 18,2

Figure 15,3

Vérifiez si... le genou avant descend en pointant vers l'avant... la tête penche vers l'avant... le poids du corps se situe principalement sur la jambe avant (figure 15,3).

Correction: figure 3,8
Éducatifs: figures 18,1 et 18,18

Figure 15,4   **Durant la descente**

Vérifiez si... votre mouvement de descente est initié par les bras... votre descente trop rapide est accompagnée d'un mouvement prématuré des poignets (figure 15,4).

Corrections: figures 4,1, 4,2 et 4,3
Éducatif: figure 18,13

Figure 15,5

À l'impact

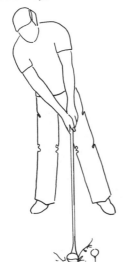

Vérifiez si... vous reculez vers l'arrière au moment de frapper la balle (figure 15,5).

Correction: figure 4,4

Éducatifs: figures 18,14 et 18,17

Chapitre 16

Le coup en rase-mottes (smothering)

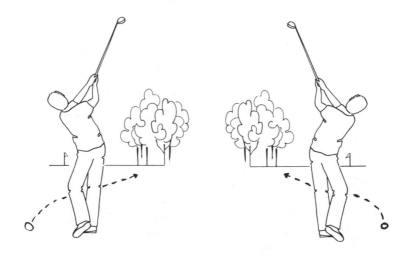

Le coup en rase-mottes se produit habituellement lors de l'exécution des coups de départ avec un bois. Le coup en rase-mottes — le nom l'indique d'ailleurs — se distingue par une balle qui quitte à peine le sol et va s'écraser à gauche du terrain, habituellement dans l'herbe longue. Il existe d'ailleurs chez les golfeurs un terme plutôt cru pour qualifier ce genre de coup! Voici donc les points à surveiller pour corriger ce défaut.

Votre défaut peut être causé par un ou plusieurs items ci-contre.*

Figure 16,2

À l'adresse

Vérifiez si... la main inférieure est trop ouverte... la main supérieure est trop fermée... vos deux V formés par le pouce et l'index de chaque main pointent hors cible.
Corrections: figures 1,5 et 1,9

---

* Pour vous aider à vous corriger voyez les figures 18,1 et 18,2

Figure 16,3   **Au sommet de l'élan**

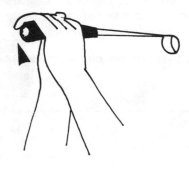

Vérifiez si... vos mains ont relâché le bâton (figure 16,3).
Correction: figure 3,11

Figure 16,4

Vérifiez si... votre main inférieure
se trouve ailleurs que sous le bâton (main droite pour les droitiers)... votre poignet de la main
supérieure forme un angle brisé
vers le haut... votre coude de la
main inférieure ne pointe pas
vers le sol (figure 16,4).
Corrections: figures 3,9 et 3,10
Éducatifs: figures 18,8 et 18,12

Figure 16,5

Vérifiez si... le poids du corps se situe principalement sur la jambe avant (figure 16,5).

Correction: figure 3,8

Éducatifs: figures 18,1 et 18,18

Figure 16,6 À l'impact

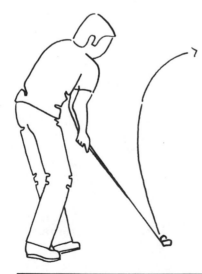

Vérifiez si... votre corps est complètement ouvert à l'impact... vos épaules se trouvent au même niveau... votre coude droit pour le droitier ou gauche pour le gaucher est éloigné de votre corps (figure 16,6).

Correction: figure 4,4

Éducatif: figure 18,15

Chapitre 17
Le coup de biais extérieur (shank)

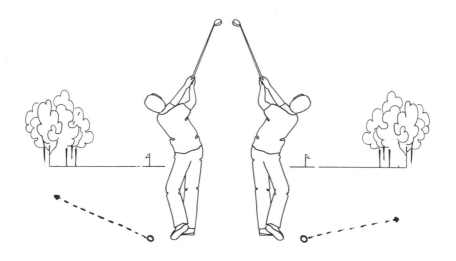

Le coup de biais extérieur est sans aucun doute le coup de golf le plus cocasse qui soit, sauf pour celui qui l'exécute bien entendu. S'aligner vers la cible devant le vert et voir sa balle pénétrer dans le bois, quel spectacle inoubliable! Si vous voulez corriger ce défaut, vérifiez ces quelques points.

Votre défaut peut être causé par un ou plusieurs Items ci-contre*

Figure 17,2   À l'adresse

Vérifiez si... vous êtes trop près de la balle (figure 17,2).
Correction: figure 2,6

---

* Pour vous aider à vous corriger voyez les figures 18,1 et 18,2

Figure 17,3 **Durant la montée arrière**

Vérifiez si... la tête a bougé vers l'arrière par rapport à sa position de départ (figure 17,3).
Corrections: figures 3,4 et 3,8
Éducatifs: figures 18,2, 18,9 et 18,17

Figure 17,4 **Durant la descente**

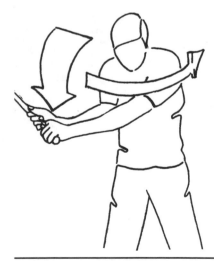

Vérifiez si... votre mouvement de descente est initié par les bras... votre descente trop rapide est accompagnée d'un mouvement prématuré des poignets (figure 17,4).

Corrections: figures 4,1, 4,2 et 4,3
Éducatif: figure 18,13

Figure 17,5

À l'impact

Vérifiez si... votre corps est complètement ouvert à l'impact... vos épaules se trouvent au même niveau... votre coude droit pour le droitier ou gauche pour le gaucher est éloigné de votre corps (figure 17,5).

Correction: figure 4,4

Éducatifs: figures 18,14 et 18,15

Troisième section

Quelques éducatifs et exercices utiles

Chapitre 18
Quelques éducatifs utiles

Placez-vous face à un miroir et regardez votre élan en essayant d'y voir les différentes étapes. Vous pouvez également vous placer de côté.

Figure 18,2

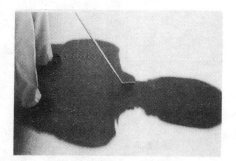

Placez-vous dos au soleil ou à une lumière forte et servez-vous de votre ombre pour vérifier votre élan: tête qui bouge, hanche qui se déplace, etc.

Figure 18,3

Disposez trois bâtons de golf au sol et prenez votre position de base en vous alignant correctement.

Figure 18,4

Prenez votre position de base en laissant pendre vos bras vers le sol.
Exécutez maintenant quelques élans en balançant les mains.

Figure 18,5

Adoptez votre position de base et exécutez plusieurs élans, les mains
tenant le bâton à ses deux extrémités.

Figure 18,6

Disposez deux bâtons parallèlement et, tout en pratiquant votre élan, faites passer la tête du bâton à l'intérieur du corridor. Commencez en laissant une bonne distance entre les bâtons puis réduisez-la progressivement.

Figure 18,7

Placez quelques tees en rang d'oignons derrière la balle et assurez-vous de passer la tête du bâton au-dessus de ceux-ci, lors de la montée arrière.

Figure 18,8

Placez votre main inférieure ouverte sous le bâton et exécutez quelques élans sans vous servir du bras arrière. Le côté avant dirigera l'élan.

Figure 18,9

Placez une balle de golf sous l'extérieur de votre pied arrière et exécutez un élan. La pression de la balle sous le pied vous empêchera de vous déplacer vers l'arrière.

Figure 18,10

Placez un bâton de golf sur la hanche arrière et exécutez votre montée arrière sans faire tomber le bâton.

Figure 18,11

Placez trois bâtons en forme de triangle derrière votre hanche arrière. Exécutez votre élan sans faire tomber les bâtons durant la montée arrière.

Figure 18,12

Placez votre bras arrière comme si vous aviez à tenir un cabaret. Ensuite, exécutez votre montée arrière et portez votre main avant vers la main arrière.

Figure 18,13

Prenez un foulard dans vos mains et exécutez quelques élans. Si la descente est correctement acheminée, c'est-à-dire sans démarrer avec ses mains, le foulard suivra comme un drapeau au vent; sinon le foulard tombera vers le sol.

Figure 18,14

Placez quelques tees en rang d'oignons devant la balle et assurez-vous de passer la tête du bâton au-dessus de ceux-ci lors du dégagé.

Figure 18,15

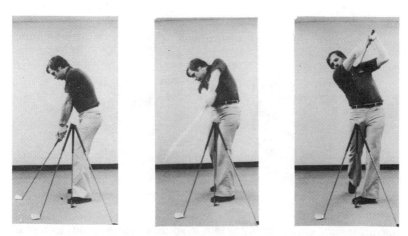

Placez trois bâtons en forme de triangle devant votre hanche avant. Exécutez votre élan sans faire tomber les bâtons durant votre dégagé.

Figure 18,16

Attachez un grand foulard à la tête de votre bâton et vérifiez, devant le miroir, l'amplitude de votre arc. Si celui-ci est très grand, votre foulard ressemblera à un drapeau.

Figure 18,17

Sur un miroir, encadrez votre tête avec du ruban adhésif. Exécutez quelques élans en vous assurant de garder la tête au même endroit durant l'élan.

Figure 18,18

Exécutez quelques élans en n'utilisant que le bras avant.

Chapitre 19

Quelques exercices utiles

En position debout, les jambes écartées, exécutez des rotations du cou.

Figure 19,2

En position debout les jambes écartées, exécutez des rotations des bras vers l'avant et vers l'arrière.

Figure 19,3

En position debout, les jambes écartées, exécutez des flexions et des extensions des bras.

Figure 19,4

En position debout, les jambes écartées, exécutez des abductions et des adductions des bras.

Figure 19,5

En position debout, les jambes écartées, exécutez des flexions latérales des deux côtés.

Figure 19,6

Debout, jambes écartées moyennement, pliez les genoux légèrement et faites des rotations du tronc.

Figure 19,7

Tenez un bâton sur vos épaules, derrière votre tête et exécutez une rotation supérieure à 90°.

Figure 19,8

Assis sur une chaise, les bras reposant sur vos cuisses, exécutez des flexions et des extensions des poignets.

Figure 19,9

Couché sur le dos, relevez vos genoux vers l'abdomen.

Figure 19,10

Couché sur le dos, exécutez quelques demi-redressements en décollant les omoplates du sol.

Figure 19,11

Couché sur le ventre, faites quelques extensions dorsales en élevant le menton de 6 pouces.

Figure 19, 11

Exécutez votre élan en remplaçant votre bâton par un haltère.

Conclusion

Vous vous sentez maintenant prêts à affronter le terrain de golf. Fiers de votre lecture, vous rêvez déjà aux bons coups que vous réaliserez. Prenez garde de trop vous emballer, vous pourriez être déçus. La théorie est une chose, la mise en pratique en est une autre.

Maintenant que vous connaissez la bonne façon d'exécuter l'élan, il vous faudra y mettre du temps et de la pratique. C'est très important! Le temps d'apprentissage ou de correction sera plus ou moins long dépendant de votre habileté personnelle ou de vos antécédents sportifs. Même si cela vous semble long, ne vous découragez pas, tout le monde peut y arriver.

Corriger et pratiquer son élan sont certes d'excellentes façons d'améliorer sa partie de golf, mais ce ne sont pas les seules. *Penser* avant de jouer est une méthode tout aussi efficace. Réfléchissez avant de jouer, vous verrez tout une différence dans vos résultats. Analysez votre position sur le terrain, la direction du vent, la texture du gazon, le choix du bâton, etc.

Si, par malheur, votre balle atterrit dans un endroit non désiré — habituellement le bois — n'essayez pas de récupérer à tout prix votre mauvais coup dès le tour suivant (à moins que vous ayez 100% des chances de réussir). Les coups que l'on voit à la télévision ne sont pas à la portée de toutes les "bourses". Passer sa balle entre deux arbres ou jouer au milieu d'un étang peut facilement faire grimper votre partie de 12 coups alors qu'un coup sage et prudent ajoutera tout au plus deux coups à votre compte régulier. N'est-ce pas plus acceptable?

Une dernière façon d'économiser des coups est de choisir un terrain à la dimension de son talent. Si vous êtes débutants et que vos meilleurs coups de départ n'atteignent pas 100 verges, n'allez pas jouer sur un terrain où certains par-5 font jusqu'à 600 verges. Choisissez plutôt un terrain plus petit comme un 18 trous de par-3.

Enfin, en espérant que tous ces conseils sauront vous aider, je vous souhaite bonne partie!

Les étiquettes du golf

Le golf est un jeu dont l'étiquette est sévèrement obser-vée — ou devrait l'être. Représentant l'un des passe-temps les plus anciens et les plus civilisés jamais inventé par l'homme occidental, le golf est inchangé en vertu de son code très strict de politesse. Apprenez son étiquette et vous apprécierez le jeu d'autant. Observez rigoureusement ces quelques façons de faire.

Envers ses compagnons de jeu

(1) Ne bougez pas et ne parlez pas lorsqu'un joueur frappe.

(2) Ne vous tenez pas derrière lui ou directement derrière le trou lorsqu'il joue.

(3) Quand un homme joue avec une femme, c'est lui qui doit se mettre au départ le premier contrairement à l'usage habituel, puisque les marques d'où elle tirera se trouvent bien en avant des siennes. Il peut alors la frapper accidentellement.

(4) Ne placez pas votre balle au départ avant que votre adversaire, ou partenaire, ait joué son coup et que sa balle ne soit arrêtée.

(5) Ne jouez jamais un coup avant que tous les joueurs devant vous soient bien hors de portée. Même une balle qui ne peut les atteindre, peut les gêner.

(6) Regardez la marque de balle que vous employez avant de jouer. Si c'est la même marque que celle d'un autre joueur, assurez-vous qu'elle porte un numéro différent.

(7) Ne vous placez jamais devant un joueur qui s'apprête à jouer.

(8) Souvenez-vous du moment où c'est à vous de jouer. Frappez alors la balle sans attendre.

(9) Tenez le drapeau pour vos compagnons de jeu en vous plaçant à deux pieds de distance sans faire d'ombre sur la ligne de tir.

(10) Après avoir calé votre balle dans le trou, retirez-la immédiatement. Les golfeurs n'aiment pas viser un trou dans lequel se trouve la balle d'un autre joueur.

(11) Sur le vert, ne restez jamais dans la ligne de tir d'un autre joueur.

(12) Ne quittez jamais le vert avant que tous les joueurs aient complété.

(13) Ne jasez jamais sur le vert après avoir réussi un trou.

(14) Si vous avez perdu une balle, faites signe aux joueurs derrière vous de continuer à jouer pendant que vous cherchez.

(15) Permettez toujours aux joueurs plus rapides que vous de continuer. Si un trou vide se trouve devant vous, invitez les joueurs qui vous suivent à le jouer.

(16) N'offrez pas vos bons conseils à un autre joueur à moins qu'il vous le demande.

Envers le terrain

(17) Les touffes d'herbes arrachées en frappant une balle devraient être soigneusement replacées et aplaties.

(18) Applanissez toutes les empreintes de pas faites dans une trappe en vous servant d'un râteau, de votre bâton ou de votre pied.

(19) Les marques de balles faites sur le vert doivent être nivelées avec un tee et aplaties avec le pied.

(20) Ne posez jamais un sac de golf sur le vert ou sur le tertre de départ.

(21) Assurez-vous que le drapeau soit toujours fermement replacé dans le trou.

(22) Ne conduisez jamais une voiturette manuelle ou électrique à moins de 20 mètres du vert et jamais à l'intérieur d'un obstacle.

(23) Ne laissez jamais un adolescent de moins de seize (16) ans conduire votre voiturette électrique; ce n'est pas un jouet.

Le calcul du handicap

1) Enregistrez vos écarts (rating)

Les écarts sont la différence entre votre compte brut et l'évaluation du ratio du parcours où ce compte a été joué. S'il n'existe pas de ratio, servez-vous de la normale du parcours.

Exemple: Vous jouez: 80 } Écart de 8
Le ratio: 72

2) Le calcul à faire

si vous avez joué plus de vingt (20) parties:

- additionnez les 10 plus bas écarts parmi vos 20 plus récentes rondes
- comparez ce total avec le tableau des marges d'erreurs (page suivante)
- vous obtiendrez vote handicap en vérifiant dans la colonne "marge d'erreur".
  Exemple: 8, 7, 6, 5, 4, 6, 7, 8, 4, 4 = 58
➤ *6 est votre handicap.*

si vous avez joué moins de vingt (20) parties:

- lorsque vous avez moins de 5 parties: aucune marge d'erreur
- lorsque vous avez enregistré entre 5 et 19 parties, la marge d'erreur est ainsi calculée:
  — à l'aide du tableau des écarts, déterminez le nombre d'écarts qui doivent être considérés
  — additionnez les écarts devant être respectés
  — multipliez par 10
  — divisez par le nombre d'écarts employés
  — comparez ce total avec le tableau des marges d'erreurs (page suivante).
  Exemple: ☐10 ☐12 14, 13, 18, 9, ☐11 12 = 33 X 10 = 110 donc
➤ 11 est votre handicap

Tableau des marges d'erreurs

Total des 10 plus bas écarts sur 20 derniers		Marge d'erreur
DE:	A:	
−36.5	−26.1	3
−26.0	−15.7	2
−15.6	− 5.3	1
− 5.2	5.2	0
5.3	15.6	1
15.7	26.0	2
26.1	36.5	3
36.6	46.9	4

Total des 10 plus bas écarts sur 20 derniers		Marge d'erreur
DE:	A:	
47.0	57.3	5
57.4	67.7	6
67.8	78.1	7
78.2	88.5	8
88.6	99.0	9
99.1	109.4	10
109.5	119.8	11
119.9	130.2	12

Total des 10 plus bas écarts sur 20 derniers		Marge d'erreur
DE:	A:	
130.3	140.6	13
140.7	151.0	14
151.1	161.4	15
161.5	171.9	16
172.0	182.3	17
182.4	192.7	18
192.8	203.1	19
203.2	213.5	20

Total des 10 plus bas écarts sur 20 derniers		Marge d'erreur
dE:	A:	
213.6	224.0	21
224.1	234.4	22
234.5	244.8	23
244.9	255.2	24
255.3	265.6	25
265.7	276.0	26
276.1	286.4	27
286.5	296.9	28

Total des 10 plus bas écarts sur 20 derniers		Marge d'erreur
DE:	A:	
297.0	307.3	29
307.4	317.7	30
318.8	328.1	31
328.2	338.5	32
338.6	349.0	33
349.1	359.4	34
359.5	369.8	35
369.9	et plus	36

Tableau des écarts

Nombre d'écarts considérés	Nombre d'écarts à respecter	Nombre d'écarts considérés	Nombre d'écarts à respecter
5	Le plus bas	12 à 13	5 bas
6 à 7	2 plus bas	14 à 15	6 bas
8 à 9	3 plus bas	16 à 17	7 bas
10 à 11	4 plus bas	18	8 bas
		19	9 bas

Table des matières

Ouvrages parus aux
ÉDITIONS DE L'HOMME

sans * pour l'Amérique du Nord seulement
* pour l'Europe et l'Amérique du Nord
** pour l'Europe seulement

ALIMENTATION — SANTÉ

Allergies, Les, Dr Pierre Delorme
* **Cellulite, La,** Dr Jean-Paul Ostiguy
Conseils de mon médecin de famille, Les, Dr Maurice Lauzon
Contrôler votre poids, Dr Jean-Paul Ostiguy
Diététique dans la vie quotidienne, La, Louise Lambert-Lagacé
Face-lifting par l'exercice, Le, Senta Maria Rungé
* **Guérir ses maux de dos,** Dr Hamilton Hall

* **Maigrir en santé,** Denyse Hunter
* **Maigrir, un nouveau régime de vie,** Edwin Bayrd
Massage, Le, Byron Scott
Médecine esthétique, La, Dr Guylaine Lanctôt
* **Régime pour maigrir,** Marie-Josée Beaudoin
* **Sport-santé et nutrition,** Dr Jean-Paul Ostiguy
* **Vivre jeune,** Myra Waldo

ART CULINAIRE

Agneau, L', Jehane Benoit
Art d'apprêter les restes, L', Suzanne Lapointe
* **Art de la cuisine chinoise, L',** Stella Chan
Art de la table, L', Marguerite du Coffre
Boîte à lunch, La, Louise Lambert-Lagacé
Bonne table, La, Juliette Huot
Brasserie la Mère Clavet vous présente ses recettes, La, Léo Godon
Canapés et amuse-gueule
101 omelettes, Claude Marycette
Cocktails de Jacques Normand, Les, Jacques Normand
Confitures, Les, Misette Godard
* **Congélation des aliments, La,** Suzanne Lapointe
* **Conserves, Les,** Soeur Berthe
* **Cuisine au wok, La,** Charmaine Solomon
Cuisine chinoise, La, Lizette Gervais
Cuisine de Maman Lapointe, La, Suzanne Lapointe
Cuisine de Pol Martin, La, Pol Martin
Cuisine des 4 saisons, La, Hélène Durand-LaRoche

* **Cuisine du monde entier, La,** Jehane Benoit
Cuisine en fête, La, Juliette Lassonde
Cuisine facile aux micro-ondes, Pauline Saint-Amour
* **Cuisine micro-ondes, La,** Jehane Benoit
Desserts diététiques, Claude Poliquin
Du potager à la table, Paul Pouliot, Pol Martin
En cuisinant de 5 à 6, Juliette Huot
* **Faire son pain soi-même,** Janice Murray Gill
* **Fèves, haricots et autres légumineuses,** Tess Mallos
Fondue et barbecue
* **Fondues et flambées de Maman Lapointe,** S. et L. Lapointe
Fruits, Les, John Goode
Gastronomie au Québec, La, Abel Benquet
Grande cuisine au Pernod, La, Suzanne Lapointe
Grillades, Les
* **Guide complet du barman, Le,** Jacques Normand
Hors-d'oeuvre, salades et buffets froids, Louis Dubois

1

DOCUMENTS — BIOGRAPHIES

Provencher, le dernier des coureurs de bois, Paul Provencher
Réal Caouette, Marcel Huguet
Révolte contre le monde moderne, Julius Evola
Struma, Le, Michel Solomon
Temps des fêtes au Québec, Le, Raymond Montpetit
Terrorisme québécois, Le, Dr Gustave Morf

* Treizième chandelle, La, T. Lobsang Rampa
Troisième voie, La, Me Emile Colas
Trois vies de Pearson, Les, J.-M. Poliquin, J.R. Beal
Trudeau, le paradoxe, Anthony Westell
Vizzini, Sal Vizzini
Vrai visage de Duplessis, Le, Pierre Laporte

ENCYCLOPÉDIES

Encyclopédie de la chasse au Québec, Bernard Leiffet
Encyclopédie de la maison québécoise, M. Lessard, H. Marquis
* Encyclopédie de la santé de l'enfant, L', Richard I. Feinbloom
Encyclopédie des antiquités du Québec, M. Lessard, H. Marquis

Encyclopédie des oiseaux du Québec, W. Earl Godfrey
Encyclopédie du jardinier horticulteur, W.H. Perron
Encyclopédie du Québec, vol. I, Louis Landry
Encyclopédie du Québec, vol. II, Louis Landry

ENFANCE ET MATERNITÉ

* Aider son enfant en maternelle et en 1ère année, Louise Pedneault-Pontbriand
* Aider votre enfant à lire et à écrire, Louise Doyon-Richard
Avoir un enfant après 35 ans, Isabelle Robert
* Comment avoir des enfants heureux, Jacob Azerrad
Comment amuser nos enfants, Louis Stanké
* Comment nourrir son enfant, Louise Lambert-Lagacé
* Découvrez votre enfant par ses jeux, Didier Calvet
Des enfants découvrent l'agriculture, Didier Calvet
* Développement psychomoteur du bébé, Le, Didier Calvet
* Douze premiers mois de mon enfant, Les, Frank Caplan
Droits des futurs parents, Les, Valmai Howe Elkins
* En attendant notre enfant, Yvette Pratte-Marchessault
Enfant unique, L', Ellen Peck
* Éveillez votre enfant par des contes, Didier Calvet

* Exercices et jeux pour enfants, Trude Sekely
Femme enceinte, La, Dr Robert A. Bradley
Futur père, Yvette Pratte-Marchessault
* Jouons avec les lettres, Louise Doyon-Richard
* Langage de votre enfant, Le, Claude Langevin
Maman et son nouveau-né, La, Trude Sekely
Merveilleuse histoire de la naissance, Dr Lionel Gendron
Pour bébé, le sein ou le biberon, Yvette Pratte-Marchessault
Pour vous future maman, Trude Sekely
* Préparez votre enfant à l'école, Louise Doyon-Richard
* Psychologie de l'enfant, La, Françoise Cholette-Pérusse
* Tout se joue avant la maternelle, Isuba Mansuka
* Trois premières années de mon enfant, Les, Dr Burton L. White
* Une naissance apprivoisée, Edith Fournier, Michel Moreau

LANGUE

Améliorez votre français, Jacques Laurin

* Anglais par la méthode choc, L', Jean-Louis Morgan

Corrigeons nos anglicismes, Jacques
Laurin
* J'apprends l'anglais, G. Silicani et J.
Grisé-Allard
Notre français et ses pièges, Jacques
Laurin

Petit dictionnaire du joual au français,
Augustin Turennes
Verbes, Les, Jacques Laurin

LITTÉRATURE

Adieu Québec, André Bruneau
Allocutaire, L', Gilbert Langlois
Arrivants, Les, collaboration
Berger, Les, Marcel Cabay-Marin
Bigaouette, Raymond Lévesque
Carnivores, Les, François Moreau
Carré St-Louis, Jean-Jules Richard
Centre-ville, Jean-Jules Richard
Chez les termites, Madeleine Ouel-
lette-Michalska
Commettants de Caridad, Les, Yves
Thériault
Danka, Marcel Godin
Débarque, La, Raymond Plante
Domaine Cassaubon, Le, Gilbert Lan-
glois
Doux mal, Le, Andrée Maillet
D'un mur à l'autre, Paul-André Bi-
beau
Emprise, L', Gaétan Brulotte
Engrenage, L', Claudine Numainville
En hommage aux araignées, Esther
Rochon
Faites de beaux rêves, Jacques Poulin
Fuite immobile, La, Gilles Archambault

J'parle tout seul quand Jean Narrache,
Émile Coderre
Jeu des saisons, Le, Madeleine Ouel-
lette-Michalska
Marche des grands cocus, La, Roger
Fournier
Monde aime mieux..., Le, Clémence
Desrochers
Mourir en automne, Claude DeCotret
N'Tsuk, Yves Thériault
Neuf jours de haine, Jean-Jules Ri-
chard
New medea, Monique Bosco
Outaragasipi, L', Claude Jasmin
Petite fleur du Vietnam, La, Clément
Gaumont
Pièges, Jean-Jules Richard
Porte silence, Paul-André Bibeau
Requiem pour un père, François
Moreau
Si tu savais..., Georges Dor
Tête blanche, Marie-Claire Blais
Trou, Le, Sylvain Chapdeleine
Visages de l'enfance, Les, Dominique
Blondeau

LIVRES PRATIQUES — LOISIRS

Améliorons notre bridge, Charles A.
Durand
* Art du dressage de défense et d'atta-
que, L', Gilles Chartier
* Art du pliage du papier, L', Robert Har-
bin
* Baladi, Le, Micheline d'Astous
* Ballet-jazz, Le, Allen Dow et Mike
Michaelson
* Belles danses, Les, Allen Dow et Mike
Michaelson
Bien nourrir son chat, Christian
d'Orangeville
Bien nourrir son chien, Christian
d'Orangeville
Bonnes idées de maman Lapointe,
Les, Lucette Lapointe
* Bridge, Le, Vivianne Beaulieu
Budget, Le, en collaboration
Choix de carrières, T. I, Guy Milot
Choix de carrières, T. II, Guy Milot

Choix de carrières, T. III, Guy Milot
Collectionner les timbres, Yves Tas-
chereau
Comment acheter et vendre sa mai-
son, Lucile Brisebois
Comment rédiger son curriculum
vitae, Julie Brazeau
Comment tirer le maximum d'une
mini-calculatrice, Henry Mullish
Conseils aux inventeurs, Raymond-A.
Robic
Construire sa maison en bois rustique,
D. Mann et R. Skinulis
Crochet jacquard, Le, Brigitte Thérien
Cuir, Le, L. St-Hilaire, W. Vogt
* Découvrir son ordinateur personnel,
François Faguy
Dentelle, La, Andrée-Anne de Sève
Dentelle II, La, Andrée-Anne de Sève
Dictionnaire des affaires, Le, Wilfrid
Lebel

4

PHOTOGRAPHIE

6